Cambridge Plain Texts

VILLEGAS

EL ABENCERRAJE

VILLEGAS

EL ABENCERRAJE

LA HISTORIA DE
ABINDARRAEZ Y LA
HERMOSA JARIFA

CAMBRIDGE
AT THE UNIVERSITY PRESS
1924

CAMBRIDGE UNIVERSITY PRESS
Cambridge, New York, Melbourne, Madrid, Cape Town,
Singapore, São Paulo, Delhi, Mexico City

Cambridge University Press
The Edinburgh Building, Cambridge CB2 8RU, UK

Published in the United States of America by Cambridge University Press, New York

www.cambridge.org
Information on this title: www.cambridge.org/9781107681712

First published 1924
Re-issued 2013

A catalogue record for this publication is available from the British Library

ISBN 978-1-107-68171-2 Paperback

NOTE

THERE is uncertainty as to who was the original author of *El Abencerraje* or the Story of Abindarráez and the beautiful Jarifa. It is commonly attributed to Antonio de Villegas, who inserts it in his *Inventario*, a miscellany in verse and prose, which he states was licensed for the press in 1551. The first edition of this book, however, only appeared in 1565, and four years earlier (in 1561) Montemayor had already published the story in his pastoral novel, *La Diana*. Further, an edition of *El Abencerraje*, by itself, was issued, printed in Gothic type, at Toledo in 1562. Competent judges are of opinion that both Villegas and Montemayor were plagiarists; the story is foreign to the style of either, and most probably should be accounted anonymous, dating from the earlier years of the sixteenth century. As regards the text printed in the *Diana*, it will be found that Montemayor has inserted some additional verses, and throughout considerably amplified the prose, while on the other hand he has curtailed the close of the story by omitting two of the three letters, as also the edifying anecdote of the Alcaide of Álora told to the lovers by the old man whom they meet on their return journey.

The events narrated in the story take place in the second decade of the fifteenth century, after 1410, when Ferdinand, the Good Regent (who governed Castile during the minority of his nephew Juan II) besieged and took Antequera from the Moors. Antequera, which lies in a direct line over 50 miles west of Granada, thus became the Christian outpost, with Álora standing some ten miles to the southward, on the Guadalhorce river. Rodrigo de Narváez the Governor (in the story) of these two important posts is a known historical character, but the like cannot be said of Abindarráez the Abencerraje. Cártama, said to have been his birthplace, still, at the time named, within the kingdom of Granada, lies about ten miles south of Álora, and Coin where Jarifa lived (she being the daughter of the Moorish

Governor), stands at a like distance south-west of Cártama; all four towns of the valley of the Guadalhorce river, which reaches the sea at Málaga a score of miles to the east of Coin.

The true date of the famous Massacre of the Abencerrajes has been a point in dispute. Later authorities and local tradition make Boabdil the perpetrator; the Ballads generally lay it to the discredit of his father the Old King; good authorities have set the event to an earlier date, and it may well be that in that tumultuous history of Granada men of the family of Abencerraje more than once were exiled or beheaded. In the present story it will be noticed that the Massacre is given as having taken place shortly before the date when the Moslems lost Antequera: hence during the first decade of the fifteenth century.

In Durán's *Romancero*, the reader will find half a dozen Ballads (Nos. 1089 to 1094, Vol. II, p. 103) narrating the events of the present story. They are, however, of late origin and of no great merit. Cervantes refers to Narváez and Abindarráez in Part I, chap. 5 of *Don Quixote*, and Lope de Vega used the story for the plot of his play *Remedio de la Desdicha*.

The text here given is based on that of the second edition printed in Medina del Campo in 1577, which Don Cristóbal Pérez Pastor has reproduced in his work *La Imprenta en Medina del Campo*, pp. 209 to 218 (Madrid, 1895): but the spelling has been modernized and accents inserted in accordance with the Academy Grammar. The story as given by Montemayor will be found at the close of the Fourth Book of *La Diana*: see Menéndez y Pelayo, *Orígines de la Novela*, II, pp. 306 to 314 in *Nueva Bibl. de Aut. Esp.* Vol. VII. In the century of its appearance the *Diana* was translated by Bartholomew Yong, and he has left us a spirited version of the Abencerraje story in Tudor English (London, 1598, pp. 107 to 123).

G. LE STRANGE

December, 1923

EL ABENCERRAJE

ESTE es un vivo retrato de virtud, liberalidad, esfuerzo, gentileza, y lealtad, compuesto de Rodrigo de Narváez, y el Abencerraje, y Jarifa, su padre, y el rey de Granada, del cual, aunque los dos formaron y dibujaron todo el cuerpo, los demás no dejaron de ilustrar la tabla, y dar algunos rasguños en ella. Y como el precioso diamante engastado en oro, o en plata, o en plomo, siempre tiene su justo y cierto valor, por los quilates de su oriente: así la virtud, en cualquier dañado sujeto que asiente, resplandece y muestra sus accidentes: bien que la esencia y efecto de ella es como el grano que cayendo en buena tierra se acrecienta y en la mala se perdió.

Dice el cuento que, en tiempo del infante don Fernando, que ganó a Antequera, fué un caballero que se llamó Rodrigo de Narváez, notable en virtud y hechos de armas. Éste, peleando contra moros, hizo cosas de mucho esfuerzo; y particularmente en aquella empresa y guerra de Antequera hizo hechos dignos de perpetua memoria: sino que esta nuestra España tiene en tan poco el esfuerzo (por serle tan natural y ordinario) que le parece que cuanto se puede hacer es poco: no como aquellos romanos y griegos, que al hombre que se aventuraba a morir una vez en toda la vida, le hacían en sus escritos inmortal y le trasladaban a las estrellas. Hizo pues este caballero tanto en servicio de su ley y de su rey, que después de ganada la villa, le hizo alcaide de ella, para que, pues había sido tanta parte en ganalla, lo fuese en defendella. Hízole tambien alcaide de Álora; de suerte que tenía a cargo ambas fuerzas, repartiendo el tiempo en ambas partes, y acudiendo siempre a la mayor necesidad. Lo más ordinario residía en Álora, y allí tenía cincuenta escuderos hijosdalgo, a los gages del rey, para la defensa y seguridad de la fuerza: y este número nunca faltaba, como los inmortales del rey Darío, que en muriendo uno ponía otro en su lugar. Tenían todos ellos tanta fe y fuerza en la virtud de su capitán, que ninguna empresa se les hacía difícil; y así no dejaban de ofender a sus enemigos y defenderse de ellos, y en todas las escaramuzas que entraban salían vencedores, en lo cual ganaban honra y provecho, de que andaban siempre ricos.

Pues una noche acabando de cenar, que hacía el tiempo muy sosegado, el alcaide dijo a todos ellos estas palabras:

— Paréceme, hijosdalgo (señores y hermanos míos) que ninguna cosa despierta tanto los corazones de los hombres, como el continuo ejercicio de las armas: porque con él se cobra experiencia en las propias, y se pierde miedo a las agenas. Y de esto no hay para que yo traiga testigos de fuera, porque vosotros sois verdaderos testimonios. Digo esto, porque han pasado muchos días que no hemos hecho cosa, que nuestros nombres acreciente, y sería yo dar mala cuenta de mí y de mi oficio, si teniendo a cargo tan virtuosa gente y valiente compañía dejase pasar el tiempo en balde. Paréceme (si os parece), pues la claridad y seguridad de la noche nos convida, que será bien dar a entender a nuestros enemigos que los valedores de Álora no duermen. Yo os he dicho mi voluntad, hágase lo que os pareciere.

Ellos respondieron que ordenase, que todos le

seguirían. Y nombrando nueve de ellos, los hizo armar; y siendo armados, salieron por una puerta falsa que la fortaleza tenía, por no ser sentidos, y porque la fortaleza quedase a buen recaudo. Y yendo por su camino adelante, hallaron otro que se dividia en dos. El alcaide les dijo:

— Ya podría ser que yendo todos por este camino se nos fuese la caza por este otro. Vosotros cinco os id por el uno, yo con estos cuatro me iré por el otro, y si acaso los unos toparen enemigos que no basten a vencer, toque uno su cuerno, y a la señal acudirán los otros en su ayuda.

Yendo los cinco escuderos por su camino adelante, hablando en diversas cosas, el uno de ellos dijo:

— Teneos, compañeros, que o yo me engaño, o viene gente.

Y metiéndose entre una arboleda, que junto al camino se hacía, oyeron ruido; y mirando con más atención vieron venir por donde ellos iban un gentil moro en un caballo ruano; él era grande de cuerpo, y hermoso de rostro, y parecía muy bien a caballo. Traía vestida una marlota de carmesí, y un albornoz de damasco del mismo color, todo bordado de oro y plata. Traía el brazo derecho regazado y labrada en él una hermosa dama, y en la mano una gruesa lanza de dos hierros. Traía una adarga y cimitarra, y en la cabeza una toca tunecí, que dándole muchas vueltas por ella, le servía de hermosura y defensa de su persona. En este hábito venía el moro, mostrando gentil continente; y cantando un cantar que él compuso en la dulce membranza de sus amores, que decia:

Nacido en Granada, — Criado en Cártama:
Enamorado en Coin, — Frontero de Álora.

Aunque a la música faltaba el arte, no faltaba al moro contentamiento; y como traía el corazón enamorado, a todo lo que decía daba buena gracia. Los escuderos, transportados en verle, erraron poco de dejarle pasar, hasta que dieron sobre él. Él, viéndose salteado, con ánimo gentil volvió por sí, y estuvo por ver lo que harían. Luego de los cinco escuderos los cuatro se apartaron y el uno le acometió: mas como el moro sabia más de aquel menester, de una lanzada dió con él y con su caballo en el suelo. Visto esto de los cuatro que quedaban, los tres le acometieron, pareciéndoles muy fuerte: de manera que ya contra el moro eran tres cristianos, que cada uno bastaba para diez moros, y todos juntos no podían con este solo. Allí se vió en gran peligro; porque se le quebró la lanza, y los escuderos le daban mucha priesa; mas fingiendo que huía, puso las piernas a su caballo, y arremetió al escudero que derribara y como una ave se colgó de la silla y le tomó su lanza, con la cual volvió a hacer rostro a sus enemigos, que le íban siguiendo (pensando que huía), y dióse tan buena maña que a poco rato tenía de los tres los dos en el suelo El otro que quedaba, viendo la necesidad de sus compañeros, tocó el cuerno, y fué a ayudarlos. Aquí se trabó fuertemente la escaramuza; porque ellos estaban afrontados de ver que un caballero les duraba tanto, y a él le iba más que la vida en defenderse de ellos. A esta hora le dió uno de los dos escuderos una lanzada en un muslo, que a no ser el golpe en soslayo, se le pasara todo. Él con rabia de verse herido, volvió por sí, y dióle una lanzada que dió con él y con su caballo muy mal herido en tierra.

Rodrigo de Narváez, barruntando la necesidad en

que sus compañeros estaban, atravesó el camino, y como traía mejor caballo se adelantó; y viendo la valentía del moro quedó espantado, porque de los cinco escuderos tenía a los cuatro en el suelo y el otro casi al mismo punto. Él le dijo:

— Moro, vente a mí, y si tú me vences yo te aseguro de los demás.

Y comenzaron a trabar brava escaramuza; mas como el alcaide venía de refresco, y el moro y su caballo estaban heridos, dábale tanta priesa, que no podía mantenerse; mas viendo que en sola esta batalla le iba la vida y contentamiento, dió una lanzada a Rodrigo de Narváez, que a no tomar el golpe en su adarga le hubiera muerto. Él en recibiendo el golpe arremetió a él, y dióle una herida en el brazo derecho, y cerrando luego con él le trabó a brazos, y sacándole de la silla, dió con él en el suelo. Y yendo sobre él le dijo:

— Caballero, date por vencido, sino matarte he.

— Matarme bien podrás — dijo el moro — que en tu poder me tienes; mas no podrá vencerme sino quien una vez me venció.

El alcaide no paró en el misterio con que se decían estas palabras, y usando en aquel punto de su acostumbrada virtud, le ayudó a levantar, porque de la herida que le dió el escudero en el muslo, y de la del brazo, aunque no eran grandes, y del gran cansancio y caída, quedó quebrantado; y tomando de los escuderos aparejo, le ligó las heridas; y hecho esto le hizo subir en un caballo de un escudero, porque el suyo estaba herido, y volvieron el camino de Álora. Y yendo por él adelante hablando en la buena disposición y valentía del moro, él dió un grande y profundo suspiro, y habló algunas palabras en algarabía, que ninguno entendió. Rodrigo de Narváez iba mirando su buen talle y disposición: acordábase de lo que le vió hacer; y parecíale que tan gran tristeza en ánimo tan fuerte no podía proceder de sola la causa que allí parecía. Y por informarse de él le dijo:

— Caballero, mirad que el prisionero que en la prisión pierde el ánimo aventura el derecho de la libertad. Mirad que en la guerra los caballeros han de ganar y perder; porque los más de sus trances están sujetos a la fortuna, y parece flaqueza que quien hasta aquí ha dado tan buena muestra de su esfuerzo, la dé agora tan mala. Si suspiráis del dolor de las llagas, a lugar vais do seréis bien curado: si os duele la prisión, jornadas son de guerra a que están sujetos cuantos la siguen. Y si tenéis otro dolor secreto, fiadle de mí, que yo os prometo como hijodalgo de hacer, por remediarle, lo que en mí fuere.

El moro, levantando el rostro que en el suelo tenía, le dijo:

— ¿Cómo os llamáis, caballero, que tanto sentimiento mostráis de mi mal?

Él le dijo: — A mí llaman Rodrigo de Narváez, soy alcaide de Antequera y Álora.

El moro, tornando el semblante algo alegre, le dijo:

— Por cierto agora pierdo parte de mi queja; pues ya que mi fortuna me fué adversa, me puso en vuestras manos, que aunque nunca os ví sino agora, gran noticia tengo de vuestra virtud, y experiencia de vuestro esfuerzo; y porque no os parezca que el dolor de las heridas me hace sospirar, y también porque me parece que en vos cabe cualquier secreto, mandad apartad vuestros escuderos, y hablaros he dos palabras.

El alcaide los hizo apartar, y quedando solos, el moro, arrancando un gran sospiro, le dijo:

— Rodrigo de Narváez, alcaide tan nombrado de Álora, está atento a lo que te dijere, y verás si bastan los casos de mi fortuna a derribar un corazón de un hombre cautivo. A mí llaman Abindarráez el mozo, a diferencia de un tío mío hermano de mi padre, que tiene el mismo nombre. Soy de los Abencerrajes de Granada, de los cuales muchas veces habrás oído decir; y aunque me bastaba la lástima presente, sin acordar las pasadas, todavía te quiero contar esto.

— Hubo en Granada un linage de caballeros, que llamaban los Abencerrajes, que eran la flor de todo aquel reino, porque en gentileza de sus personas, buena gracia, disposición y gran esfuerzo, hacían ventaja a todos los demás; eran muy estimados del rey y de todos los caballeros, y muy amados y quistos de la gente común. En todas las escaramuzas que entraban, salían vencedores, y en todos los regocijos de caballería se señalaban. Ellos inventaban las galas y los trajes; de manera que se podía bien decir, que en ejercicio de paz y de guerra, eran regla y ley de todo el reino. Dícese que nunca hubo Abencerraje escaso, ni cobarde, ni de mala disposición: no se tenía por Abencerraje el que no servía dama, ni se tenía por dama la que no tenía Abencerraje por servidor. Quiso la fortuna enemiga de su bien, que de esta excelencia cayesen de la manera que oirás. El rey de Granada hizo a dos de estos caballeros, los que más valían, un notable e injusto agravio, movido de falsa información que contra ellos tuvo; y quísose decir (aunque yo no lo creo) que estos dos, y a su instancia otros diez, se conjuraron de matar al rey, y dividir el reino entre sí, vengando su injuria. Esta conjuración, siendo verdadera o falsa, fué descubierta: y por no escandalizar el rey al reino que tanto los amaba, los hizo a todos una noche degollar; porque a dilatar la injusticia, no fuera poderoso de hacella. Ofreciéronse al rey grandes rescates por sus vidas; mas él aun escuchallo no quiso. Cuando la gente se vió sin esperanza de sus vidas, comenzó de nuevo a llorarlos. Llorábanlos los padres que los engendraron, y las madres que los parieron; llorábanlos las damas a quien servían y los caballeros con quienes se acompañaban. Y toda la gente común alzaba un tan grande y continuo alarido, como si la ciudad se entrara de enemigos; de manera que si a precio de lágrimas se hubieran de comprar sus vidas, no murieran los Abencerrajes tan miserablemente. ¡Ves aquí en lo que acabó tan esclarecido linage, tan principales caballeros como en él había! ¡Considera cuánto tarda la fortuna en subir un hombre y cuán presto le derriba! ¡Cuánto tarda en crecer un árbol, y cuán presto va al fuego! ¡Con cuánta dificultad se edifica una casa, y con cuánta brevedad se quema! ¡Cuántos podrían escarmentar en las cabezas de estos desdichados, pues tan sin culpa padecieron con público pregón, siendo tantos y tales, y estando en el favor del mismo rey! Sus casas fueron derribadas: sus heredades enagenadas, y su nombre dado en el reino por traidor. Resultó de este infelice caso que ningún Abencerraje pudiese vivir en Granada, salvo mi padre, y un tío mío, que hallaron inocentes de este delito, a condición que los hijos que les naciesen enviasen a criar fuera de la ciudad, para que no volviesen a ella, y las hijas casasen fuera del reino.

Rodrigo de Narváez, que estaba mirando con cuanta pasión le contaba su desdicha, le dijo:

— ¡Por cierto, caballero, vuestro cuento es extraño, y la sinrazón que a los Abencerrajes se hizo fué grande; porque no es de creer que siendo ellos tales cometiesen traición!

— Es como yo lo digo — dijo él — y aguardad más y veréis cómo desde allí todos los Abencerrajes deprendimos a ser desdichados. Yo salí al mundo del vientre de mi madre, y por cumplir mi padre el mandamiento del rey envióme a Cártama, al alcaide que en ella estaba, con quien tenía estrecha amistad. Este tenía una hija, casi de mi edad, a quien amaba más que a sí; porque allende de ser sola y hermosísima, le costó la mujer, que murió de su parto. Ésta y yo en nuestra niñez, siempre nos tuvimos por hermanos (porque así nos oíamos llamar) nunca me acuerdo haber pasado hora que no estuviésemos juntos: juntos nos criaron, juntos andábamos, juntos comíamos y bebíamos. Naciónos de esta conformidad un natural amor, que fué siempre creciendo con nuestras edades. Acuérdome que entrando una siesta en la huerta, que dicen de los jazmines, la hallé sentada junto a la fuente, componiendo su hermosa cabeza: miréla vencido de su hermosura, y parecióme a Salmacis; y dije entre mí: ¡Oh, quién fuera Trocho para parecer ante esta hermosa diosa! ¡No sé cómo me pesó de que fuese mi hermana! y no aguardando más fuíme a ella; y cuando me vió, con los brazos abiertos me salió a recibir, y sentándome junto a sí me dijo:

— Hermano, ¿cómo me dejaste tanto tiempo sola?

Yo la respondí: — Señora mía, porque ha gran rato que os busco, y nunca hallé quien me dijese do estábades, hasta que mi corazón me lo dijo; mas decidme ahora: ¿qué certenidad tenéis vos de que seamos hermanos?

— Yo — dijo ella — no otra, mas del grande amor que te tengo, y ver que todos nos llaman hermanos.

— Y si no lo fuéramos — dije yo — ¿quisiérasme tanto?

— ¿No ves — dijo ella — que a no serlo, no nos dejara mi padre andar siempre juntos y solos?

— Pues si ese bien me habían de quitar — dije yo — más quiero el mal que tengo.

Entonces ella, encendiendo su hermoso rostro en color, me dijo:

— ¿Y qué pierdes tú en que seamos hermanos?

— Pierdo a mí y a vos — dije yo.

— Yo no te entiendo — dijo ella — mas a mí me parece que solo serlo nos obliga a amarnos naturalmente.

— A mí, sola vuestra hermosura me obliga, que antes esa hermandad parece que me resfría algunas veces: — y con esto bajando mis ojos, de empacho de lo que la dije, víla en las aguas de la fuente al propio, como ella era; de suerte que donde quiera que volvía la cabeza hallaba su imágen, y en mis entrañas la más verdadera. Y decíame yo a mí mismo: Y (pesárame que alguno me lo oyera) si yo me anegase agora en esta fuente donde veo a mi señora, ¡cuánto más disculpado moriría yo que Narciso! Y si ella me amase como yo la amo, ¡qué dichoso sería yo! Y si la fortuna nos permitiese vivir siempre juntos, ¡qué sabrosa vida sería la mía! Diciendo esto levantéme, y volviendo las manos a unos jazmines, de que la fuente estaba rodeada, mezclándolos con arrayán, hice una hermosa guirnalda, y poniéndola sobre mi cabeza me volví a ella coronado y vencido.

— Ella puso los ojos en mí (a mi parecer) más dulcemente que solía, y quitándomela, la puso sobre su cabeza. Parecióme en aquel punto más hermosa que Venus, cuando salió al juicio de la manzana, y volviendo el rostro a mí, me dijo:

— ¿Qué te parece agora de mí, Abindarráez?

Yo la dije: — Paréceme que acabáis de vencer al mundo, y que os coronan por reina y señora de él.

Levantándose, me tomó por la mano y me dijo:

— Si eso fuera, hermano, no perdiérades vos nada.

Yo sin la responder la seguí hasta que salimos de la huerta. Esta engañosa vida trujimos mucho tiempo, hasta que ya el amor, por vengarse de nosotros, nos descubrió la cautela; que como fuimos creciendo en edad ambos acabamos de entender que no éramos hermanos. Ella no sé lo que sintió al principio de saberlo; mas yo nunca mayor contentamiento recibí, aunque después acá lo he pagado bien. En el mismo punto que fuimos certificados de esto, aquel amor limpio y sano que nos teníamos se comenzó a dañar, y se convirtió en una rabiosa enfermedad, que nos durará hasta la muerte. Aquí no hubo primeros movimientos que escusar; porque el principio de estos amores fué un gusto y deleite fundado sobre bien; mas después no vino el mal por principios, sino de golpe y todo junto. Ya yo tenía mi contentamiento puesto en ella, y mi alma hecha a medida de la suya. Todo lo que no veía en ella me parecía feo, escusado y sin provecho en el mundo. Todo mi pensamiento era en ella. Ya en este tiempo nuestros pasatiempos eran diferentes; ya yo la miraba con recelo de ser sentido; ya tenía envidia del sol que la tocaba. Su presencia me lastimaba la vida, y su ausencia me enflaquecía el corazón. Y de todo esto creo que no me debía nada; porque me pagaba en la misma moneda. Quiso la fortuna, envidiosa de nuestra dulce vida, quitarnos este contentamiento, en la manera que oirás.

— El rey de Granada, por mejorar en cargo al alcaide de Cártama, envióle a mandar que luego dejase aquella fuerza, y se fuese a Coin (que es aquel lugar frontero del vuestro) y que me dejase a mí en Cártama en poder del alcaide que a ella viniese. Sabida esta desastrada nueva por mi señora y por mí, juzgad vos (si algun tiempo fuistes enamorado) lo que podríamos sentir. Juntámonos en un lugar secreto a llorar nuestro apartamiento. Yo la llamaba señora mía, alma mía, solo bien mío (y otros dulces nombres que el amor me enseñaba). ¿Apartándose vuestra hermosura de mí, ternéis alguna vez memoria de este vuestro cautivo? Aquí las lágrimas y suspiros atajaban las palabras. Yo esforzándome para decir más, malparía algunas razones turbadas, de que no me acuerdo; porque mi señora llevó mi memoria consigo. ¡Pues quién os contase las lástimas que ella hacía, aunque a mí siempre me parecían pocas! Decíame mil dulces palabras, que hasta agora me suenan en las orejas: y al fin, porque no nos sintiesen, despedímonos con muchas lágrimas y sollozos, dejando cada uno al otro por prenda un abrazo, con un suspiro arrancado de las entrañas.

Y porque ella me vió en tanta necesidad y con señales de muerto, me dijo:

— Abindarráez, a mí se me sale el alma en apartándome de ti; y porque siento de ti lo mismo, yo quiero ser tuya hasta la muerte: tuyo es mi corazón, tuya es mi vida, mi honra y mi hacienda: y en testimonio de esto, llegada a Coin, donde agora voy con mi padre, en teniendo lugar de hablarte, o por ausencia, o por indisposición suya (que ya deseo) yo te avisaré: irás donde yo estuviere, y allí yo te daré lo que solamente llevo conmigo, debajo de nombre de esposo, que de otra suerte ni tu lealtad, ni mi ser lo consentirían; que todo lo demás muchos días ha que es tuyo.

— Con esta promesa mi corazón se sosegó algo y beséla las manos por la merced que me prometía. Ellos se partieron otro día, yo quedé como quien caminando por unas fragosas y ásperas montañas se le eclipsa el sol: comencé a sentir su ausencia ásperamente, buscando falsos remedios contra ella. Miraba las ventanas do se solía poner, las aguas do se bañaba, la cámara en que dormía, el jardín do reposaba la siesta. Andaba todas sus estaciones y en todas ellas hallaba representación de mi fatiga. Verdad es que la esperanza que me dió de llamarme, me sostenía, y con ella engañaba parte de mis trabajos; aunque algunas veces de verla alargar tanto, me causaba mayor pena, y holgara que me dejara del todo desesperado; porque la desesperación fatiga hasta que se tiene por cierta, y la esperanza hasta que se cumple el deseo.

— Quiso mi ventura que esta mañana mi señora me cumplió su palabra, enviándome a llamar con una criada suya, de quien se fiaba; porque su padre era partido para Granada llamado del rey para volver luego. Yo resucitado con esta buena nueva, apercibíme; y dejando venir la noche por salir más secreto, púseme en el hábito que me encontrastes; por mostrar a mi señora el alegría de mi corazón; y por cierto no creyera yo que bastaran cien caballeros juntos a tenerme campo, porque traía mi señora conmigo; y si tú me venciste, no fué por esfuerzo (que no es posible), sino porque mi corta suerte, o la determinación del cielo, quisieron atajarme tanto bien. Así que considera tú ahora, en el fin de mis palabras, el bien que perdí, y el mal que tengo. Yo iba de Cártama a Coin breve jornada (aunque el deseo la alargaba mucho) el más ufano Abencerraje que nunca se vió: iba llamado de mi señora, a ver a mi señora, a gozar de mi señora y a casarme con mi señora. Véome ahora herido, cautivo y vencido; y lo que más siento que el término y coyuntura de mi bien se acaba esta noche. Déjame pues, cristiano, consolar entre mis suspiros y no los juzgues a flaqueza; pues lo fuera muy mayor tener ánimo para sufrir tan riguroso trance.

Rodrigo de Narváez quedó espantado y apiadado del extraño acontecimiento del moro, y pareciéndole que para su negocio ninguna cosa le podría dañar más que la dilación, le dijo:

— Abindarráez, quiero que veas que puede más mi virtud que tu ruin fortuna: si tú me prometes como caballero de volver a mi prisión dentro de tercero día, yo te daré libertad para que sigas tu camino; porque me pesaría de atajarte tan buena empresa.

El moro, cuando lo oyó, se quiso de contento echar a sus pies, y le dijo:

— Rodrigo de Narváez, si vos esto hacéis, habréis hecho la mayor gentileza de corazón, que nunca hombre hizo, y a mí me daréis la vida; y para lo que pedís, tomad de mí la seguridad que quisiéredes, que yo lo cumpliré.

El alcaide llamó a sus escuderos, y les dijo:

— Señores, fiád de mí este prisionero, que yo salgo fiador de su rescate.

Ellos dijeron que ordenase a su voluntad: y tomando la mano derecha entre las dos suyas al moro, le dijo:

— ¿Vos prometéisme como caballero de volver a mi castillo de Álora a ser mi prisionero dentro de tercero día?

Él le dijo: — Sí, prometo.

— Pues id con la buena ventura, y si para vuestro negocio tenéis necesidad de mi persona, o de otra cosa alguna, también se hará.

Y diciendo que se lo agradecía, se fué camino de Coin a mucha priesa. Rodrigo Narváez y sus escuderos se volvieron a Álora, hablando en la valentía y buena manera del moro. Y con la priesa que el Abencerraje llevaba, no tardó mucho en llegar a Coin. Yéndose derecho a la fortaleza, como le era mandado, no paró hasta que halló una puerta que en ella había; y deteniéndose allí, comenzó a reconocer el campo, por ver si había algo de que guardarse, y viendo que estaba todo seguro, tocó en ella con el cuento de la lanza, que esta era la señal que le había dado la dueña. Luego ella misma le abrió, y le dijo:

— ¿En qué os habéis detenido, señor mío, que vuestra tardanza nos ha puesto en gran confusión? Mi señora ha rato que os espera: apéaos y subiréis donde está.

Él se apeó, y puso su caballo en lugar secreto, que allí halló; y dejando la lanza con su adarga y cimitarra, llevándole la dueña por la mano, lo más paso que pudo, por no ser sentido de la gente del castillo, subió por una escalera hasta llegar al aposento de la hermosa Jarifa (que así se llamaba la dama). Ella que ya había sentido su venida, con los brazos abiertos le salió a recibir: ambos se abrazaron, sin hablarse palabra, del sobrado contentamiento. Y la dama le dijo:

— ¿En qué os habéis detenido, señor mío, que vuestra tardanza me ha puesto en gran congoja y sobresalto?

— Mi señora — dijo él — vos sabéis bien que por mi negligencia no habrá sido; mas no siempre suceden las cosas como los hombres desean.

Ella le tomó por la mano, y le metió en una cámara secreta, y sentándose sobre una cama que en ella había, le dijo:

— He querido, Abindarráez, que veáis en cual manera cumplen las cautivas de amor sus palabras; porque desde el día que os la dí por prenda de mi corazón, he buscado aparejos para quitárosla: yo os mandé venir a este mi castillo a ser mi prisionero, como yo lo soy vuestra, y haceros señor de mi persona, y de la hacienda de mi padre, debajo del nombre de esposo, aunque esto, según entiendo, será muy contra su voluntad, que como no tiene tanto conocimiento de vuestro valor y experiencia de vuestra virtud como yo, quisiera darme marido más rico; mas yo, vuestra persona y mi contentamiento tengo por la mayor riqueza del mundo.

Y diciendo esto bajó la cabeza, mostrando un cierto empacho de haberse descubierto tanto. El moro la tomó entre sus brazos, y besándola muchas veces las manos por la merced que le hacía, la dijo:

— Señora mía, en pago de tanto bien como me habéis ofrecido, no tengo que daros, que no sea vuestro, sino sola esta prenda, en señal que os recibo por mi señora y esposa.

Y llamando a la dueña se desposaron: y siendo desposados se acostaron en su cama, donde con la nueva experiencia encendieron más el fuego de sus corazones. En esta conquista pasaron muy amorosas obras y palabras, que son más para contemplación que para escritura. Tras esto al moro vino un profundo pensamiento, y dejando llevarse del, dió un gran suspiro. La dama, no pudiendo sufrir tan grande ofensa de su hermosura y voluntad, con gran fuerza de amor le volvió a sí, y le dijo:

— ¿Qué es esto, Abindarráez? Parece que te has entristecido con mi alegría: yo te oigo suspirar revolviendo el cuerpo a todas partes; pues si yo soy todo tu bien y contentamiento como me decías, ¿por quién suspiras? Y si no lo soy, ¿porqué me engañaste? Si has hallado alguna falta en mi persona, pon los ojos en mi voluntad, que basta para encubrir muchas: y si sirves otra dama, díme quién es para que la sirva yo; y si tienes otro dolor secreto de que yo no soy ofendida, dímelo, que o yo moriré o te libraré del.

El Abencerraje corrido de lo que había hecho, y pareciéndole que no declararse era ocasión de gran sospecha, con un apasionado suspiro dijo:

— Señora mía, si yo no os quisiera más que a mí, no hubiera hecho este sentimiento; porque el pesar que conmigo traía, sufríale con buen ánimo cuando iba por mí solo; mas ahora que me obliga a apartarme de vos no tengo fuerzas para sufrirle; y así entenderéis que mis suspiros se causan más de sobra de lealtad que de falta della: y porque no estéis más suspensa sin saber de qué, quiero deciros lo que pasa.

Luego le contó todo lo que había sucedido; y al cabo la dijo:

— De suerte, señora, que vuestro cautivo lo es también del alcaide de Álora: yo no siento la pena de la prisión, que vos enseñasteis mi corazon a sufrir; mas vivir sin vos tendría por la misma muerte.

La dama con buen semblante le dijo:

— No te congojes, Abindarráez, que yo tomo el remedio de tu rescate a mi cargo; porque a mí me cumple más: yo digo así, que cualquier caballero que diere la palabra de volver a la prisión, cumplirá con enviar el rescate que se le puede pedir; y para esto ponedle vos mismo el nombre que quisiéredes, que yo tengo las llaves de las riquezas de mi padre, y yo os las pondré en vuestro poder: enviad de todo ello lo que os pareciere. Rodrigo de Ñarváez es buen caballero, y os dió una vez libertad, y le fiastes este negocio, que le obliga ahora a usar de mayor virtud: yo creo que se contentará con esto, pues teniéndoos en su poder ha de hacer lo mismo.

El Abencerraje la respondió:

— ¡Bien parece, señora mía, que lo mucho que me queréis no os deja que me aconsejéis bien! Por cierto no caeré yo en tan gran yerro! Porque si, cuando venía a verme con vos, que iba por mí sólo, estaba obligado a cumplir mi palabra, ahora que soy vuestro se me ha doblado la obligación. Yo volveré a Álora y me porné en las manos del alcaide de ella, y tras hacer yo lo que debo, haga él lo que quisiere.

— Pues nunca Dios quiera — dijo Jarifa — que yendo vos a ser preso quede yo libre: pues no lo soy yo, quiero acompañaros en esta jornada, que ni el amor que os tengo, ni el miedo que he cobrado a mi padre de haberle ofendido, me consentirán hacer otra cosa.

El moro llorando de contentamiento la abrazó y le dijo:

— Siempre vais, señora mía, acrecentándome las mercedes: hágase lo que vos quisiéredes, que así lo quiero yo.

Y con este acuerdo, aparejando lo necesario, otro día de mañana se partieron, llevando la dama el rostro cubierto por no ser conocida. Pues yendo por su camino adelante hablando de diversas cosas, toparon un hombre viejo: la dama le preguntó donde iba: él la dijo:

— Voy a Álora a negocios que tengo con el alcaide de ella, que es el más honrado y virtuoso caballero que yo jamás ví.

Jarifa se holgó mucho de oir esto; pareciéndole que pues todos hallaban tanta virtud en este caballero, que también la hallarían ellos, que tan necesitados estaban della. Y volviendo al caminante, le dijo:

— Decid, hermano, ¿sabéis vos de ese caballero alguna cosa que haya hecho notable?

— Muchas sé — dijo él — mas contaros he una por donde entenderéis todas las demás. Este caballero fué primero alcaide de Antequera, y allí anduvo mucho tiempo enamorado de una dama muy hermosa, en cuyo servicio hizo mil gentilezas, que son largas de contar; y aunque ella conocía el valor de este caballero, amaba a su marido tanto, que hacía poco caso de él. Aconteció así, que un día de verano acabando de comer, ella y su marido se bajaron a una huerta que tenían dentro de casa; y él llevaba un gavilán en la mano, y lanzándole a unos pájaros, ellos huyeron, y fuéronse a acoger a una zarza; y el gavilán, como astuto, tirando el cuerpo a fuera, metió la mano, y sacó y mató muchos dellos. El caballero le cebó y volvió a la dama, y la dijo:

— ¿Qué os parece, señora, de la astucia con que el gavilán encerró los pájaros y los mató? Pues hágoos saber, que cuando el alcaide de Álora escaramuza con los moros, así los sigue, y así los mata.

Ella, fingiendo no le conocer, le preguntó quién era.

— Es el mas valiente y virtuoso caballero, que yo hasta hoy ví.

Y comenzó hablar del muy altamente, tanto que a la dama le vino un cierto arrepentimiento, y dijo:

— ¡Pues cómo, los hombres están enamorados de este caballero, y que no lo esté yo de él, estándolo él de mí! Por cierto yo estaré bien disculpada de lo que por él hiciere, pues mi marido me ha informado de su derecho.

Otro día adelante se ofreció que el marido fué fuera de la ciudad, y no pudiendo la dama sufrirse en sí, envióle a llamar con una criada suya. Rodrigo de Narváez estuvo en poco de tornarse loco de placer; aunque no dió crédito a ello acordándose de la aspereza con que siempre le había tratado; mas con todo eso, a la hora concertada, muy a recaudo, fué a ver la dama que le estaba esperando en un lugar secreto; y allí ella echó de ver el yerro que había hecho, y la vergüenza que pasaba en requerir a aquel de quien tanto tiempo había sido requerida. Pensaba también en la fama que descubre todas las cosas; temía la inconstancia de los hombres, y la ofensa del marido; y todos estos inconvenientes (como suelen) aprovecharon para vencerla más; y pasando por todos ellos le recibió dulcemente y le metió en su cámara, donde pasaron muy dulces palabras; y en fin de ellas le dijo:

— Señor Rodrigo de Narváez, yo soy vuestra de aquí adelante, sin que en mi poder quede cosa que no lo sea; y esto no lo agradezcáis a mí; que todas vuestras pasiones y diligencias, falsas o verdaderas, os aprovecharan poco conmigo; mas agradecedlo a mi marido, que tales cosas me dijo de vos, que me han puesto en el estado que agora estoy.

Tras esto le contó cuanto con su marido había pasado, y al cabo le dijo:

— Y cierto, señor, vos debéis a mi marido más que él a vos.

Pudieron tanto estas palabras con Rodrigo de Narváez, que le causaron confusión y arrepentimiento del mal que hacía a quien de él decía tantos bienes; y apartándose afuera, dijo:

— Por cierto, señora, yo os quiero mucho, y os querré de aquí adelante; mas nunca Dios quiera que a hombre que tan aficionadamente ha hablado de mí, haga yo tan cruel daño; ántes de hoy más he de procurar la honra de vuestro marido, como la mía propia, pues en ninguna cosa le puedo pagar mejor el bien que de mí dijo.

Y sin aguardar más, se volvió por donde había venido. La dama debió de quedar burlada; y cierto, señores, el caballero, a mi parecer, usó de gran virtud y valentía; pues venció su misma voluntad.

El Abencerraje y su dama quedaron admirados del cuento: y alabándole mucho, él dijo, que nunca mayor virtud había visto de hombre. Ella respondió:

— Por Dios, señor, yo no quisiera servidor tan

virtuoso; mas él debía estar poco enamorado, pues tan presto se salió a fuera; y pudo más con él la honra del marido, que la hermosura de la mujer.

Y sobre esto dijo otras muy graciosas palabras. Luego llegaron a la fortaleza, y llamando a la puerta, fué abierta por los guardas, que ya tenían noticia de lo pasado; y yendo un hombre corriendo a llamar al alcaide, le dijo:

— Señor, en el castillo está el moro que venciste, y trae consigo una gentil dama.

Al alcaide le dió el corazón lo que podía ser, y bajó a bajo. El Abencerraje, tomando a su esposa de la mano, se fué a él y le dijo:

— Rodrigo de Narváez, mira si te cumplo bien mi palabra, pues te prometí traer un preso, y te traigo dos, que el uno basta para vencer otros muchos: ves aquí mi señora: juzga si he padecido con justa causa; recíbenos por tuyos, que yo fío mi señora y mi honra de ti.

Rodrigo de Narváez holgó mucho de verlos, y dijo a la dama:

— Yo no sé cual de vosotros debe más al otro; mas yo debo mucho a los dos. Entrad y reposaréis en esta vuestra casa, y tenedla de aquí adelante por tal, pues lo es su dueño.

Y con esto se fueron a un aposento que les estaba aparejado; y de ahí a poco comieron, porque venían cansados del camino. Y el alcaide preguntó al Abencerraje:

— ¿Señor, qué tal venís de las heridas?

— Paréceme, señor, que con el camino las traigo enconadas, y con algun dolor.

La hermosa Jarifa, muy alterada, dijo:

— ¿Qué es esto, señor? ¿heridas tenéis vos de que yo no sepa?

— Señora, quien escapó de las vuestras, en poco terná otras: verdad es que de la escaramuza de la otra noche saqué dos pequeñas heridas; y el camino y no haberme curado me habrán hecho algún daño.

— Bien será — dijo el alcaide — que os acostéis, y verná un zurujano que hay en el castillo.

Luego la hermosa Jarifa le comenzó a desnudar con grande alteración, y viniendo el maestro y viéndole, dijo que no era nada, y con ungüento que le puso le quitó el dolor; y de ahí a tres días estuvo sano.

Un día acaeció que acabando de comer el Abencerraje, dijo estas palabras:

— Rodrigo de Narváez, según eres discreto, en la manera de nuestra venida entenderás lo demás: yo tengo esperanza que este negocio que está tan dañado se ha de remediar por tus manos. Esta dueña es la hermosa Jarifa, de quien te hube dicho es mi señora y mi esposa: no quiso quedar en Coin, de miedo de haber ofendido a su padre; todavía se teme de este caso: bien sé que por tu virtud te ama el rey, aunque eres cristiano; suplícote alcances de él que nos perdone su padre, por haber hecho esto sin que él lo supiese, pues la fortuna lo trajo por este camino.

El alcaide les dijo:

— Consolaos, que yo os prometo de hacer en ello cuanto pudiere, y tomando tinta y papel, escribió una carta al rey, que decía así:

CARTA DE RODRIGO DE NARVÁEZ, ALCAIDE DE ÁLORA, PARA EL REY DE GRANADA.

«Muy alto y muy poderoso rey de Granada. Rodrigo de Narváez, alcaide de Álora, tu servidor, beso tus reales manos, y digo así: Que el Abencerraje Abindarráez el mozo, que nació en Granada, y se crió en Cártama en poder del alcaide de ella, se enamoró de la hermosa Jarifa, su hija: después tú, por hacer merced al alcaide, le pasaste a Coin: los enamorados, por asegurarse, se desposaron entre sí; y llamado él por ausencia del padre, que contigo tienes, yendo a su fortaleza, yo le encontré en el camino, y en cierta escaramuza que con él tuve, en que se mostró muy valiente, le gané por mi prisionero: y contándome su caso, apiadándome de él, le hice libre por dos dias. Él se fué a ver con su esposa, de suerte que en la jornada perdió la libertad y ganó el amiga. Viendo ella que el Abencerraje volvía a mi prisión se vino con él; y así están agora los dos en mi poder. Suplícote que no te ofenda el nombre de Abencerraje, que yo sé que éste y su padre fueron sin culpa en la conjuración que contra tu real persona se hizo; y en testimonio de ello viven. Suplico a tu real alteza, que el remedio de estos tristes se reparta entre tí y mí: yo les perdonaré el rescate y los soltaré graciosamente: sólo harás tú que el padre della los perdone y reciba en su gracia; y en esto cumplirás con tu grandeza, y harás lo que de ella siempre esperé.»

Escrita la carta, despachó un escudero con ella, que llegado ante el rey, se la dió: el cual sabiendo cuya era se holgó mucho, que a este solo cristiano amaba por su virtud y buenas maneras. Y como la leyó, volvió el rostro al alcaide de Coin, que allí estaba, y llamándole aparte, le dijo:

— Lee esta carta que es del alcaide de Álora.

Y leyéndola recibió grande alteración. El rey le dijo:

— No te congojes, aunque tengas por qué; sábete que ninguna cosa me pedirá el alcaide de Álora que yo no lo haga; y así te mando que vayas luego a Álora y te veas con él, y perdones tus hijos, y los lleves a tu casa, que en pago de este servicio, a ellos y a tí haré siempre merced.

El moro lo sintió en el alma: mas viendo que no podía pasar el mandato del rey, volvió de buen continente y dijo: que así lo haría como su alteza lo mandaba: y luego se partió a Álora donde ya sabían del escudero todo lo que había pasado, y fué de todos recibido con mucho regocijo y alegría. El Abencerraje y su hija parecieron ante él con harta vergüenza, y le besaron las manos. Él los recibió muy bien, y les dijo:

— No se trate aquí de cosa pasada; yo os perdono haberos casado sin mi voluntad, que en lo demás vos, hija, escojistes mejor marido que yo os pudiera dar.

El alcaide todos aquellos días les hacía muchas fiestas; y una noche acabando de cenar en un jardin, les dijo:

— Yo tengo en tanto haber sido parte para que este negocio haya venido a tan buen estado, que ninguna cosa me pudiera hacer más contento; y así digo, que sólo la honra de haberos tenido por mis prisioneros, quiero por rescate de la prisión. De hoy más, vos, señor Abindarráez, sois libre de mí para hacer de vos lo que quisiéredes.

Ellos le besaron las manos por la merced y bien que les hacía, y otro día por la mañana partieron de la fortaleza, acompañándolos el alcaide parte del camino. Estando ya en Coin gozando sosegada y seguramente el bien que tanto habían deseado, el padre les dijo:

— Hijos, agora que con mi voluntad sois señores de mi hacienda, es justo que mostréis el agradecimiento que a Rodrigo de Narváez se debe, por la buena obra que os hizo: que por haber usado con vosotros de tanta gentileza no ha de perder su rescate, antes le merece muy mayor: yo os quiero dar seis mil doblas zahenes, enviádselas, y tenedle de aquí adelante por amigo, aunque las leyes sean diferentes.

Abindarráez le besó las manos; y tomándolas, con cuatro muy hermosos caballos y cuatro lanzas con los hierros y cuentos de oro, y otras cuatro adargas, las envió al alcaide de Álora, y le escribió así:

CARTA DEL ABENCERRAJE ABINDARRÁEZ AL ALCAIDE DE ÁLORA.

«Si piensas, Rodrigo de Narváez, que con darme libertad en tu castillo para venirme al mío, me dejaste libre, engáñaste; que cuando libertaste mi cuerpo prendiste mi corazón. Las buenas obras prisiones son de los nobles corazones: y si tú por alcanzar honra y fama acostumbras hacer bien a los que podrías destruir, yo por parecer a aquéllos donde vengo, y no degenerar de alta sangre de los Abencerrajes, antes coger y meter en mis venas toda la que de ellos se virtió, estoy obligado a agradecerlo y servirlo: recibirás en ese breve presente la voluntad de quien le envía, que es muy grande, y de mi Jarifa otra tan limpia y leal, que me contento yo de ella.»

El alcaide tuvo en mucho la grandeza y curiosidad del presente; y recibiendo de él los caballos, lanzas y adargas, escribió a Jarifa así:

CARTA DEL ALCAIDE DE ÁLORA A LA HERMOSA JARIFA.

«Hermosa Jarifa, no ha querido Abindarráez dejarme gozar del verdadero triunfo de su prisión, que consiste en perdonar y hacer bien; y como a mí en esta tierra nunca se me ofreció empresa tan generosa, ni tan digna de capitán español, quisiera gozarla toda y labrar de ella una estátua para mi posteridad y descendencia. Los caballos y armas recibo yo, para ayudarle a defender de sus enemigos; y si en enviarme el oro se mostró caballero generoso, en recibirlo yo pareciera cobdicioso mercader. Yo os sirvo con ello en pago de la merced que me hicistes en serviros de mí en mi castillo: y también, señora, yo no acostumbro a robar damas, sino servirlas y honrarlas.»

Y con esto les volvió a enviar las doblas. Jarifa las recibió y dijo:

— Quien pensare vencer a Rodrigo de Narváez en armas y cortesía, pensará mal.

Desta manera quedaron los unos de los otros muy satisfechos y contentos, y trabados con estrecha amistad, que les duró toda la vida.

FIN.

CAMBRIDGE PLAIN TEXTS

COMPLETE LIST

ENGLISH

Bacon. THE ADVANCEMENT OF LEARNING. Book I.
Carlyle. THE PRESENT TIME.
Donne. SERMONS XV AND LXVI.
Fuller. THE HOLY STATE (II, 1–15).
Goldsmith. THE GOOD-NATUR'D MAN.
Hooker. PREFACE TO "THE LAWS OF ECCLESIASTICAL POLITY."
Johnson. PAPERS FROM "THE IDLER."
Montaigne. FIVE ESSAYS, translated by John Florio.
Spenser. THE SHEPHEARDS CALENDAR.

FRENCH

Bossuet. ORAISONS FUNÈBRES.
De Musset. CARMOSINE.
Descartes. DISCOURS DE LA MÉTHODE.
Diderot. PARADOXE SUR LE COMÉDIEN.
Dumas. HISTOIRE DE MES BÊTES.
Gautier. MÉNAGERIE INTIME.
Hugo, Victor. EVIRADNUS, RATBERT (La Légende des Siècles).
La Bruyère. LES CARACTÈRES, OU LES MŒURS DE CE SIÈCLE.
Lamartine. MÉDITATIONS.
Michelet. SAINT-LOUIS.
Molière. L'AMOUR MÉDECIN. LE SICILIEN.
Montalembert. DE L'AVENIR POLITIQUE DE L'ANGLETERRE.
Pascal. LETTRES ÉCRITES À UN PROVINCIAL.

ITALIAN

Alfieri. LA VIRTÙ SCONOSCIUTA.
Gozzi, Gasparo. LA GAZZETTA VENETA.
Leopardi. PENSIERI.
Mazzini. FEDE E AVVENIRE.
Rosmini. CINQUE PIAGHE.

SPANISH

Simon Bolivar. ADDRESS TO THE VENEZUELAN CONGRESS AT ANGOSTURA, FEBRUARY 15, 1819.
Cervantes. PROLOGUES AND EPILOGUE.
" RINCONETE Y CORTADILLO.
Espronceda. EL ESTUDIANTE DE SALAMANCA.
Lope de Vega. EL MEJOR ALCALDE. EL REY.

GERMAN

Grillparzer. DER ARME SPIELMANN. ERINNERUNGEN AN BEETHOVEN.
Herder. KLEINERE AUFSÄTZE, I.

SOME PRESS OPINIONS

"These are delightful, slim little books....The print is very clear and pleasant to the eye....These Cambridge Plain Texts are just the kind of book that a lover of letters longs to put in his pocket as a prophylactic against boredom."—*The New Statesman*

"These little books...are exquisitely printed on excellent paper and are prefaced in each case by a brief biographical note concerning the author: otherwise entirely unencum bered with notes or explanatory matter, they form the most delicious and companionable little volumes we remember to have seen. The title-page is a model of refined taste—*simplex munditiis.*"—*The Anglo-French Review*

"With their admirable print, the little books do credit to the great Press which is responsible for them."
Notes and Queries

"The series of texts of notable Italian works which is being issued at Cambridge should be made known wherever there is a chance of studying the language; they are clear in a handy form, and carefully edited....The venturd deserves well of all who aim at the higher culture."
The Inquirer

"Selections of this kind, made by competent hands, may serve to make us acquainted with much that we should otherwise miss. To read two of Donne's tremendou sermons may send many readers eagerly to enlarge their knowledge of one of the great glories of the English pulpit."—*The Holborn Review*

"This new Spanish text-book, printed on excellent paper in delightfully clear type and of convenient pocket size preserves the high level of achievement that characterises the series."—*The Teacher's World* on "Cervantes: Prologues and Epilogue"

"It is difficult to praise too highly the Cambridge Plain Texts.'—*The London Mercury*

Lightning Source UK Ltd.
Milton Keynes UK
UKHW010625010819
347207UK00001B/3/P